8
LN27
41508

LE RÉVÉREND PÈRE

EMMANUEL MANUEL

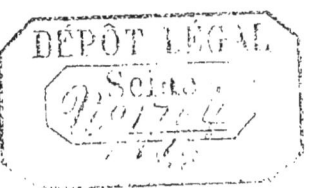

LE REVEREND PERE EMMANUEL MANUEL

LE R. P. EMMANUEL MANUEL

Il est des noms qui portent en eux-mêmes un éloge et même un grand éloge, et tel est le nom du saint religieux mort le 27 décembre 1892, au couvent des Dominicains de Marseille.

I

L'HOMME DE DIEU

Après des études de théologie faites partie à Saint-Sulpice et partie à Saint-Louis-des-Français, à Rome, où il avait été très remarqué de Mgr de Ségur, l'abbé Manuel savait parfaitement qu'entrant prêtre dans l'Ordre de Saint-Dominique, il se soumettait d'une manière plus étroite à la pauvreté, à la chasteté, à l'obéissance et s'assujettissait à une règle austère.

D'une honorable famille parisienne bourgeoise et riche, il devait renoncer à une fortune personnelle sérieuse. C'était le premier effet de son vœu de pauvreté, et puis quelle perfection ne devait-il pas apporter à la vertu, fruit du vœu et qui demande plus que la modération dans l'usage des objets nécessaires à la vie. Il suffisait de le voir pour éprouver l'impression de la pauvreté. Pauvre au dehors comme au dedans, il aimait à ne porter que de vieux vêtements, peut-être avec de certaines négligences que la tenue correcte d'un Père Lacordaire eût désapprouvées et qu'eût évitées un emploi mieux entendu des choses, mais qui n'en révélaient pas moins la haute estime que le Père avait pour cette vertu et lui donnaient véritablement, dans ses voyages comme au couvent, le décorum de la pauvreté.

A la mort des religieux, nous avons l'habitude d'envoyer à leurs familles les images, statuettes ou autres objets de piété tolérés à leur usage dans leurs cellules. A part son bréviaire et son rosaire, nous n'avons rien trouvé à donner comme ayant appartenu au Père Manuel.

Cette perfection qu'il apporta à la pratique de son vœu de pauvreté ne l'apporta-t-il pas d'une manière aussi éminente à son vœu de chasteté ?

Le ministère apostolique met le prêtre en rapport avec tous les âges et tous les rangs. On sait quelle était la tenue du Père avec les personnes du monde, quelle était sa dignité, quel besoin de leur parler sans cesse de Dieu, quels efforts pour transporter toutes leurs relations dans le domaine surnaturel, imitant Jésus-Christ qui d'après les commentateurs des Evangiles, ne voulut pas lors de sa résurrection, se laisser approcher par sainte Madeleine et disparut soudain à ses yeux pour lui montrer que, désormais, c'était uniquement dans le sein de la Divinité qu'elle devait porter ses regards et son cœur. Et puis, pourquoi ne le dirions-nous pas ? malgré sa prodigieuse défiance de lui-même et son humilité qui fut toujours sincère et profonde, il y avait chez le Père Manuel un sentiment de fierté et d'honneur humain, qui l'eût toujours préservé du plus petit abaissement. Homme du monde, il fût resté fidèle à ses promesses et n'aurait jamais manqué à la justice et au devoir. Prêtre, la moindre tache aurait-elle pu atteindre sa dignité sacerdotale ; ah ! le soin excessif qu'il apportait au Saint-Sacrifice de la messe à éviter les plus légères et les plus imperceptibles profanations matérielles, il l'apportait surtout à son âme. Religieux dans un Ordre qui semble personnifier la chasteté dans l'Eglise et dont tous les membres sont solidaires les uns des autres, par un simple sentiment d'honneur humain, en dehors de toute considération divine aurait-il pu pardonner l'ombre d'une trahison à son caractère sacré.

Et quant à son obéissance elle ne fut pas moins parfaite, parce qu'elle fut toujours surnaturelle. Après avoir exercé plusieurs fois la charge de Maître des novices et une fois celle de Prieur, vieilli, redevenu simple religieux, il rentra dans l'obéissance d'un enfant et cela était chez lui d'autant plus méritoire, que la nature ne disparaît jamais et que sa forte nature le portait à la critique et même à la révolte. Nous aimions à le plaisanter sur une multitude d'histoires de sa jeunesse d'étudiant en droit, à Paris. Alors qu'aux abords de 1848, les esprits étaient comme de nos jours agités par des questions politiques et sociales, il s'était jeté, quoique catholique pratiquant, dans les manifestations révolutionnaires, et voici que, par un renversement absolu de sa nature, il en était arrivé dans la vie religieuse à la docilité la plus entière et à la plus parfaite soumission.

La vie religieuse ne consiste pas seulement dans la fidélité aux vœux qui la constituent, mais aussi dans l'observance de la règle. Or, dans l'Ordre de Saint-Dominique, la règle est sévère : elle impose des veilles, des jeûnes, des abstinences et autres austérités qui crucifient la nature. « Donnez-moi un Dominicain qui ait observé parfaitement sa règle, disait le Pape Jean XXII, et je le canoniserai. » Ce Dominicain parfait observateur de sa règle, fut le Père Manuel. L'office de nuit devient dur, surtout avec l'âge et les surexcitations nerveuses qui vous privent d'un second sommeil. Eh bien ! dans tous les couvents où il l'a trouvé établi, s'en est-il jamais dispensé ? Avec quelle ferveur ne psalmodiait-il pas l'office de la Bienheureuse Bienvenue, le 29 octobre 1880, à une heure de la nuit, alors que nous attendions pour six heures du matin une expulsion qui n'eut lieu qu'à six heures du soir, mais qui devait arrêter pour longtemps les louanges divines dans notre chapelle du Rosaire belle à faire rêver du ciel.

Grand de taille, d'une structure osseuse assez singulière, la figure plissée, ridée et amaigrie, non sans quelque ressemblance, par une ironie des choses, avec celle de Voltaire et du curé d'Ars, les yeux d'un bleu clair très brillant, le Père Manuel faisait l'effet de ces grands moines ascètes du moyen âge. Il n'en n'avait pas seulement l'air ; l'esprit de pénitence était puissant en lui. D'exemple il prêchait la mortification. Il connaissait et citait cette admirable page du Père Lacordaire dans laquelle il représente comme la plus grande force humaine « cette mort qui vit et cette vie qui meurt. » Il connaissait aussi cette autre exhortation de Bossuet engageant le chrétien à considérer son corps « comme une vieille masure qu'il doit faire tomber par pièces et par morceaux. » Dans les derniers temps de sa vie, il n'avait rien moins fallu qu'une autorité paternelle pour lui faire accepter quelques ménagements. Condamné plusieurs mois à rester tout à fait seul, sans parler jamais à cause de la fatigue de ses bronches, à qui de loin en loin venait prendre de ses nouvelles, il répondait en souriant : « Il faut bien faire pénitence de ses péchés. » « Il faut faire pénitence. » Ce sont les dernières paroles fermement articulées qu'il prononça deux jours avant sa mort. En le voyant ainsi s'en aller, l'on pouvait vraiment dire que c'était l'âme debout et non couchée qu'il rendait à Dieu la vie que Dieu lui avait prêtée, et jamais ne furent plus vrais ces vers :

> Du moine qui se meurt si le sort paraît beau...
> Malgré l'attachement qui nous tient à la vie,
> Si la mort paraît belle à son âme ravie,
> C'est qu'au cloître il n'a *fait qu'essayer son tombeau!*

Voilà quelques traits de l'homme de Dieu. Voyons en lui

II

L'HOMME DE SES FRÈRES

Le Père Manuel, nous l'avons dit, a exercé plusieurs fois les fonctions de Maître des novices. Il a été défini « un rude formateur d'hommes ; » l'expression n'est-elle pas exagérée ; formateur d'hommes il le fut ; mais rude jamais. Prêchant d'exemple les vertus religieuses, il avait le droit de dire de sévères vérités, mais avec quel sourire aimable ne faisait-il pas accepter ses saillies et ses observations ! aussi fut-il toujours très aimé de ses novices. Ce leur était une grande joie, devenus quelques-uns des hommes marquants, de retrouver leur ancien

Père Maître et de raviver avec lui d'aimables souvenirs. Quoi de plus charmant que le trait suivant ! Nous ne pouvons résister au plaisir de le citer, bien qu'un peu contraire à la gravité que comporte un article nécrologique. Il y a quelques années se donnait à Marseille un dîner d'honneur, à l'occasion du départ pour l'Orient de Monseigneur Altmayer, nouvellement nommé archevêque de Bagdad et de Mossoul. Monseigneur Altmayer, le frère Henri de Saint-Maximin, l'ancien novice du Père Manuel. Naturellement le vieux Père Maître avait été mis à la droite du Prélat, et tandis que l'on passait un de ces mets savoureux de dessert et que le Père se refusait par une multitude de merci, merci, et de non, non, à la belle part que lui présentait l'archevêque : « Mais, mon Révérend Père, lui dit Monseigneur d'un ton solennel et qui imposa silence à toute la table, autrefois vous m'avez mis assez souvent au pain sec, vous me permettrez bien de m'en venger maintenant en vous faisant prendre un bon morceau de gâteau, » et le vieux Père Maître et tous les convives de rire, comme l'on pense. Ce que le Père Manuel fut par-dessus tout comme Maître des novices, ce fut un consolateur des âmes tentées de découragement. Un religieux, qui tient une place élevée dans notre Ordre, écrivait à l'occasion de la mort du Père : « J'avais l'âme pleine d'angoisse et une peur de Dieu qui empêchait toute paix et quasi toute prière. Il a été pour moi d'une bonté prodigieuse, me recevant chez lui, venant dans ma cellule et me pénétrant jour par jour du sentiment de la miséricorde et de la bonté de Dieu. Je puis bien dire que je lui ai dû la paix de ma vie. » Le fait est que le Père cherchait plus à imiter le Christ des publicains, de Zachée, de la Samaritaine et de la Madeleine, que le Christ des vendeurs du Temple, des pharisiens ou des fils du tonnerre. Sa condescendance devint très grande, soit qu'il ne vit plus les défauts, soit qu'il ne les vit qu'à travers l'atmosphère de sa propre bonté. Ce qu'il y a de certain, c'est que son indulgence grandissait avec les années. A l'égard de ses frères, il acquérait de plus en plus cette sérénité aimable et patiente qui fait l'auréole et la beauté des vieillards.

Et puis, redevenu simple religieux, quel empressement à les servir ! La vie commune est réglée. Cependant entre les grands devoirs acceptés de tous, elle impose une mul-

titude de petits sacrifices auxquels on ne s'attend pas :
ce sont des surprises quotidiennes, des messes tardives
à dire, des Pères à remplacer, des cérémonies réclamant
la présence d'un ou deux religieux. Il faut rompre avec
son travail, avec ses combinaisons personnelles. Eh bien
l'on sait avec quel dévouement le Père Manuel s'offrait
à ces petits dérangements pour en exempter ses frères, et
comme son supérieur était à l'aise pour les lui demander

Et que dire de sa verve, de sa gaieté, de sa joyeuse
humeur, qui semblait vraiment l'irradiation de cette joie
spirituelle, dont son âme devait être remplie, et la pra
tique du conseil de l'apôtre : « *In Domino gaudete sem
per.* » Tous les Pères étrangers, de passage au couvent de
Marseille, en étaient frappés et n'oubliaient plus le délica
et spirituel amuseur. S'il est vrai qu'il a été révélé à
un de nos Pères qu'il y a au ciel une place particulière pour ceux qui font rire leurs frères en récréa-
tion, à ce seul titre le Père l'aura eue belle. Son espri
parisien se plaisait à décocher de ces petits traits malins
qui faisaient rire toujours et grimacer jamais. Et comme
en retour il riait lui-même quand il se voyait criblé pa
ses frères, heureux, semblait-il, de leur procurer à se
dépens quelque amusement pour leurs récréations dont i
ne se dispensait jamais, sinon parfois dans la délicatess
de sa conscience pour redire son office au chœur. Ah
l'on comprend qu'avec de telles qualités, le Père Manue
se soit fait très aimer de ses frères et que l'un d'eux lu
écrivît peu avant sa mort : « *Dilectus Deo et hominibu
cujus memoria in benedictione est.* »

Je ne dis pas seulement « *fratribus,* » mais « *homi
nibus,* » car il fut aussi :

III

L'HOMME DES AMES

Le Père Manuel n'aura pas marqué comme prédicateur
Avec sa complexion physique assez extraordinaire, l.
puissance de ses sentiments donnait à sa voix comme à
son débit quelque chose d'excessif trop remarqué de
auditoires frivoles, mais sous lequel, cependant, le

hommes sérieux admiraient la flamme apostolique qui dévorait son âme. Je sais des personnes bienfaitrices de l'Ordre que sa parole a attachées pour jamais à la famille dominicaine. Il trouvait des accents profonds et éloquents, surtout quand il avait à parler de l'âme et de ses fins dernières; après quinze ou vingt ans, l'on n'a pas oublié une octave des morts prêchée dans notre chapelle de la rue Montaux.

Si dans ses prédications au dehors il n'attirait pas des auditoires considérables, quelle compensation n'offrait-il pas par l'édification que laissait partout son passage. Toujours content de tout et de tous, se déclarant trop bien traité, s'ingéniant à neutraliser en secret les petits adoucissements que le presbytère apporte à l'austérité du cloître, ne fut-il pas surpris une fois par un religieux, porteur, pour lui, d'une lettre très pressée de son supérieur et qui, arrivant en pleine nuit, le trouva près d'un bon lit, étendu sur une commode avec sa valise en guise d'oreiller. Messieurs les curés ne s'y trompaient pas, et s'ils n'étaient pas toujours ravis du prédicateur, toujours ils s'estimaient heureux d'avoir connu ce qu'ils appelaient « un véritable saint. »

La délicatesse de sa conscience l'inclinait spécialement à l'étude de la morale. Or la morale a sa forme particulière de prédication dans la retraite; l'on peut dire que le Père, avec sa parole nette, piquante, habile à ridiculiser les travers, a excellé dans ce genre. Il en prêcha un très grand nombre dans les divers couvents de nos trois Provinces, un plus grand nombre encore dans les couvents de nos Sœurs et même d'autres Ordres. Sa direction était tellement appréciée qu'il était constamment redemandé comme confesseur extraordinaire, et recula-t-il jamais devant une fatigue, l'été ou l'hiver, pour se rendre au désir d'une communauté? « C'était, » écrivait une Sœur, « un vaillant que ce Père Manuel, toujours prêt au combat, d'un courage à toute épreuve et n'ayant peur que d'offenser Dieu. »

La direction des âmes religieuses ne lui enlevait rien de son zèle pour les âmes des personnes du monde. Aussi les profonds regrets que sa mort leur a laissés donnent une idée de la prise qu'il avait sur elles pour les arracher au mal comme pour les porter à la vertu. Quand nous fut rendue la liberté de nous réunir rue Montaux, sur le désir de Mgr l'Evêque de Marseille le Père reprit les petites retraites ecclésiastiques mensuelles suspendues quelques années et s'acquitta de ce devoir avec un tel dévouement que ces Messieurs ont réclamé la consolation de célébrer pour lui un service funèbre comme témoignage de leur reconnaissance et de leur affection.

Aucune demande ne le laissait indifférent. Ceux qui faisaient appel à son zèle étaient sûrs de le trouver toujours debout. L'abbé Bourcier lui réclama plusieurs conférences populaires. Jeune il avait parlé dans les clubs pour la défense de la liberté religieuse. Pour la défense de la vérité chrétienne, vieux, il gravit la plébéienne tribune avec le même entrain. Ce genre lui convenait ; il s'y fit beaucoup applaudir ; mais l'âme de l'apôtre ne pouvait rester froide sous la froide parole du Conférencier, et que de fois, sans y être en rien amené par le sujet, n'en venait-il pas à jeter des supplications à son auditoire pour l'entraîner à la pratique de la religion !

Souvent même son zèle le portait au delà de toutes les bornes ordinaires ; jusque dans les rapports les plus vulgaires de la vie ne fallait-il pas qu'il se manifestât ? Se trouvait-il à la porte du couvent quand un fournisseur se présentait, debout sur la plateforme d'un tramway, dans un wagon (toujours de 3e classe), le voilà qui se mettait à parler d'emblée à ses voisins de leur âme, de leur pratique religieuse, laissant surtout ces braves gens étonnés ahuris, n'y comprenant pas grand'chose, mais ne s'en offensant jamais, parce qu'ils voyaient très bien à son sourire et à son accent que cela partait d'un homme avide de faire plaisir et de faire le bien. C'était, en effet, l'irradiation d'une âme remplie de bonté, le trop-plein d'un cœur débordant de pitié et de compassion pour les gens qui peinent, qui souffrent, sans espérances, sans consolation, sans Dieu. Voilà ce qui avait tant incliné sa jeunesse au socialisme devant l'égoïsme des richesses. Horace Warain l'avait bien compris. Notre admirable Horace Warain, cette sorte de François d'Assise, ce riche s'habillant comme un pauvre pour courir à la recherche des plus épouvantables misères, vêtu toujours d'un vieux paletot avec une multitude de poches pour toutes les provisions secourables qu'il y cachait. Quand il voulait essayer de faire confesser quelque malade ou moribond c'était le Père Manuel qu'il emmenait avec lui. N'a-tpas raconté qu'il l'avait conduit un jour dans un affreux galetas où se mourait peu à peu un homme laissé seul dans la plus horrible détresse et la malpropreté la plus infecte et la plus révoltante, et le lendemain matin, y repassant à l'improviste, que trouva-t-il? le Père Manuel qui tenait le malheureux serré tendrement dans ses bras :

« *Misereor super turbam istam.* »

Mais quel fut donc le principe moteur de cette vie? Quelle fut la source de ces vertus et de ces qualités trop longuement exposées peut-être ; mais qui en est cause? Dans son discours sur la vocation de la nation française, après avoir étalé les hauts faits de nos ancêtres, le Père Lacordaire s'écriait : « Je suis long, peut-être, Messieurs, mais c'est votre faute ; c'est votre histoire que je raconte ; vous me pardonnerez si je vous ai fait boire jusqu'à la lie ce calice de gloire. »

Le Père Manuel vivait dans la crainte de Dieu, dans la crainte des jugements de Dieu. Sa nature à la fois forte et timide, sa grande défiance de lui-même, son humilité vraiment extraordinaire l'inclinaient à cet état spirituel. C'est l'art de bien vivre, tous les saints l'ont pratiqué, mais il lui arriva ce qui souvent est arrivé à des âmes timorées. Aux approches de la mort, cette crainte fit place à la paix la plus parfaite comme à la confiance la plus absolue en la miséricorde divine.

Averti dans la journée du mardi 20 décembre que son état nous laissait peu d'espoir, il se prépara à recevoir pour le soir le saint viatique et l'extrême-onction. La cérémonie eut lieu après nos complies, tandis que les personnes pieuses restées à la chapelle s'unissaient à nous par la récitation du Rosaire. Tout le monde portait des cierges allumés, quelques amis s'étaient joints à nous : « Bien que vous ayez été toujours un bon frère, lui dit le Père Prieur, s'il vous est arrivé de faire de la peine à quelqu'un d'entre nous ou si quelqu'un d'entre nous vous a fait de la peine, vous lui demandez ou vous lui accordez bien pardon?—Oh! certainement, certainement, répondit-il vivement, » et il ne parla plus qu'à Dieu. La nuit et le jour suivants furent meilleurs ; nous n'avions cependant aucune espérance. Son calme était tel, sa sérénité si complète en face d'une mort imminente, que son confesseur put lui demander toutes les indications nécessaires pour dresser son acte de décès, et ce fut bien gracieusement qu'il se prêta à ces douloureuses informations. Attentif à ne pas laisser l'ombre d'un nuage passer sur sa conscience, il voulut se confesser encore pour communier de nouveau la veille et la nuit même de Noël. Nous pensions qu'il mourrait ce jour-là, qui était le jour même de sa fête ; il s'appelait Emmanuel, et quelle note gaie cette fête du Père n'apportait-elle pas les années précédentes à travers les joies et les chants de la grande fête religieuse. La journée se passa tranquille. On eût dit qu'il ne voulait pas l'assombrir par l'inévitable tristesse d'une mort ; et cela par amabilité pour nous, car ne pas monter au ciel le jour où le Fils [de Dieu en était descendu sur la terre, c'était vraiment dommage.

Le 26, à six heures du soir, son neveu bien cher arrivait en toute hâte de Paris. Le Père ouvrit les yeux, le reconnut et lui sourit, mais sa faiblesse était excessive, il ne faisait plus de mouvement. Il ne parut pas douteux qu'il succomberait dans la nuit : vers les dix heures du soir, toute la communauté vint lui réciter les prières des agonisants, lui chanter le *Salve* et l'*O lumen*. « Etes-vous content de la cérémonie ? lui demanda son confesseur. « Oui, oui, » répondit-il d'une voix éteinte. Ce furent ses dernières paroles en ce monde. Il n'eut aucune agonie conservant jusqu'au bout sa pleine connaissance dans l'esprit et son crucifix dans la main. Le matin, il regarda son neveu et lui sourit encore, ainsi qu'aux Pères qui venaient l'embrasser, lui faire leurs recommandations secrètes. Le matin, à neuf heures, sans le moindre mouvement, la tête doucement inclinée comme celle du disciple bien-aimé sur le cœur du divin Maître, il rendait son âme à Dieu ; l'Eglise célébrait ce jour-là la fête de saint Jean l'Evangéliste !

Si le Père Manuel vivait sous l'empire de la crainte de Dieu, cette crainte n'allait pas chez lui sans l'amour et sans un très grand amour. Mais c'est le secret de Dieu, le secret du roi, *secretum regis*, dont nous ne voulons pas essayer de sonder les profondeurs. L'on pense à ce qu'on aime. Or, ce chevalier du Christ avait cette devise fréquemment sur les lèvres, constamment dans le cœur :

« Penser à Dieu toujours, aux autres souvent, à soi jamais ! »

Ce n'est certes pas précisément la devise de notre fin de siècle qui pourrait être celle-ci :

« Penser à soi toujours, aux autres quelquefois, à Dieu jamais ! »

Aussi, comme l'écrivait un de ses vrais amis du monde à l'occasion de sa mort : « L'on trouve encore de vieux objets d'art, d'anciens bahuts du moyen âge, des meubles antiques, mais des âmes de la trempe de celle du Père Manuel, l'on n'en trouve plus dans les poitrines humaines. »

L'éloge est d'autant plus grand qu'il descend de plus haut.

La mémoire du Père Manuel en a déjà reçu deux de cette sorte.

Il y a 24 ans, alors qu'il remplissait les fonctions de Père Maître à Saint-Maximin, le Père Manuel avait pour novice un jeune étudiant venu de Vienne, en Autriche, que la Révolution de 1870 força de rentrer dans son pays. Le souvenir de son Père Maître de quelques mois ne le quitta plus jamais. C'est qu'il était destiné dans les desseins de la Providence à peser comme un général la valeur de ses capitaines, et que le Père Manuel lui avait paru le type, la personnification de la « Pénitence aimable. » Vingt-trois ans après, l'étudiant de Saint-Maximin, le frère André Frühwirth, devenu Maître-Général de l'Ordre des Frères Prêcheurs, apprenant la mort du Père, écrivait instantanément la lettre suivante au Vicaire-Provincial de Toulouse :

« Rome, 30 décembre 1892.

« Mon Très Révérend Père,

« Je viens de recevoir le billet par lequel vous m'annoncez la mort du bon Père Manuel. Bien que surchargé d'affaires et de lettres en ce moment, je ne veux pas tarder à vous dire la part que je prends à la perte faite par votre Province, en la personne de ce pieux et saint religieux. La perte n'est-elle pas plus apparente que réelle, et n'est-il pas permis de penser que ceux qui nous quittent après une longue carrière pleine de bonnes œuvres,

de mérites et de vertus, nous serons plus utiles au cie[l]
qu'ils ne l'eussent été sur la terre ? »

Et par une autre lettre, le Révérendissime Père réclamait quelques pages de notice sur le Père. Les voilà mais, hélas! qu'elles sont imparfaites et insuffisantes pou[r] contenir nos regrets et nos larmes!

L'autre éloge est bien ancien, mais le Père ne l'aur[a] jamais connu.

Le Père Manuel avait été très enthousiaste du Père Lacordaire. Étudiant en droit et avocat stagiaire, il avai[t] fait partie d'une société de jeunes et ardents chrétien[s] appelée la Société O'Connell et fondée sous l'inspiratio[n] du grand orateur de Notre-Dame ; il avait suivi les confé[-] rences du Père Lacordaire au moins en partie: quelques jours avant sa mort, il relisait celles qui ont Jésus-Chris[t] pour objet. Ce fut sa dernière lecture. Or quand le Père Manuel fut entré dans l'Ordre, le Père Lacordaire eu[t] plusieurs fois l'occasion de le voir et de l'entreteni[r]. Déjà, au début de sa vie religieuse, quand le Père Manuel parlait des vérités éternelles, sa figure s'illu[-] minait. Le Père Lacordaire, de son œil d'aigle qu[i] semblait percer les hommes et les choses, avait remar[-] qué cet étrange et lumineux sourire qui courait sur cett[e] physionomie bizarre et la transfigurait. Avec son oreill[e] tendue qui semblait toujours écouter un bruit dans de[s] profondeurs, il avait fait attention à l'accent singulier e[t] guttural qui accompagnait ce sourire, et lui qui certaine[-] ment avait entendu parler de Dieu les hommes les plu[s] éminents de son siècle, il lui arriva un jour de dire :

« Je n'ai jamais entendu personne prononcer le nom d[e] Dieu comme le Père Manuel. »

Ses dépouilles mortelles ont été transportées dans notr[e] cher petit cimetière de la Sainte-Baume ; elles ont ét[é] bénies et inhumées le 28, à six heures du soir, par le Vicair[e] Provincial, avec le concours du Prieur de Saint-Maximi[n] et du Supérieur local, sous les regards émus de quelque[s] Pères, Frères, Sœurs, familiers et cultivateurs qui habi[-] tent ce désert véritablement sauvage en hiver. Ce peti[t] nombre d'assistants s'était accru d'une députation d[e] religieuses de Béthanie, du curé et de Sœurs tertiaire[s] séculières résidant au Plan d'Aups.

Sa tombe est à droite, à côté de la grande croix, devan[t] les tombes des Pères Maggi, Friaque et Chevalier, mort[s] également au couvent de Marseille. L'on a dû creuser d'avance une autre fosse à côté. Ainsi repose-t-il en paix sous les lierres et sous les bénédictions à pleines mains de ses Frères, au pied de cette Sainte-Baume souvent visitée et vénérée par lui, qu'il avait gardée pendant toute une année et où il faillit mourir de froid, de pénitence et peut-être aussi de douleur patriotique pendant l'hiver de 1870.

Et maintenant, tandis que son corps se dissout dans cette noble terre, si son âme n'était pas encore parvenue à la pleine joie du Seigneur, si, comme l'écrivait un éloquent religieux, son grand admirateur et ami, « il n'avait pas forcé tout de suite les portes du Paradis, ainsi qu'il avait coutume de forcer les entrées du cœur de Dieu ; » si, pour me servir d'une image très aimée et très employée par le Père Manuel lui-même, quelque peu de poussière terrestre gênait les ailes de son âme pour les empêcher de prendre leur essor vers les suprêmes hauteurs, par nos saints sacrifices et par nos prières, nous aurions bien vite secoué cette inévitable poussière des infirmités humaines, afin que l'âme de notre excellent Père, entrant dans la béatitude divine, nous obtienne les grâces nécessaires pour imiter ses vertus et pour mériter de partager un jour son éternelle félicité !

Euge, serve bone et fidelis, intra in gaudium Domini tui !

Fr. L. Mas,
des Frères-Prêcheurs.

www.ingramcontent.com/pod-product-compliance
Lightning Source LLC
Chambersburg PA
CBHW070449080426
42451CB00025B/2023